Proyecto y dirección editorial: María Castillo
Coordinación editorial: Teresa Tellechea
Diseño: Pablo Núñez
© Del texto: Begoña Ibarrola, 2009
© De las ilustraciones: Anne Decis, 2009
© Ediciones SM, 2009
    Impresores, 2 – Urbanización Prado del Espino
    28660 Boadilla del Monte (Madrid)

Centro Integral de Atención al Cliente
Tel. 902 12 13 23
Fax: 902 24 12 22
clientes@grupo-sm.com

ISBN: 978-84-675-3430-6
Depósito legal: M-4778-2009
Impreso en España / Printed in Spain
Capital Gráfico, S.L.

El ladrón
de estrellas

Begoña Ibarrola

Ilustraciones de Anne Decis

Jaime tenía una gran amiga que se llamaba Claudia a la que intentaba demostrar cuánto quería, y siempre que estaban juntos le hacía la misma promesa:

—Claudia, cuando sea mayor me casaré contigo.

Y Claudia siempre le preguntaba lo mismo:

—¿Qué estarías dispuesto a hacer por mí?

Y Jaime le contestaba:

—Haría cualquier cosa...

Pero no se le ocurría nada que pudiera dejar con la boca abierta

a su querida amiga.

8

Un día, después de pensar y pensar, se le ocurrió una idea,
y cuando ella le hizo la pregunta de siempre, Jaime le dijo:
—Si quieres te regalo la Luna. ¿Te gustaría tenerla?
Se imaginaba que Claudia se quedaría maravillada,
pero ella se rió de él porque sabía que era un regalo imposible.

Sin embargo, Jaime la quería tanto que, esa misma noche,
subió en un globo gigantesco hasta la Luna para pedirle
que aceptara bajar con él a la Tierra y convertirse en un regalo
para Claudia.

La Luna, después de escucharle, le dijo:

—¿Cómo se te ha ocurrido? Mucho debes de querer a tu amiga, pero ¿no crees que has ido demasiado lejos? ¿Te imaginas lo que dirá el Sol si me marcho? Él no va a consentir que me vaya: me quiere mucho y entre los dos nos turnamos para cuidar la Tierra.

Jaime empezó a darse cuenta de que su plan era muy complicado.

—Además, ¿sabes lo que ocurriría si me fuera?

La noche se quedaría siempre a oscuras,

las estrellas se sentirían muy solas y el mar no me lo perdonaría,

ya que soy la responsable de hacer que suban y bajen las mareas.

Jaime bajó a la Tierra muy contrariado; había hecho una promesa a Claudia y ahora no podía cumplirla, ¿qué pensaría de él?

Al día siguiente, cuando se encontró con ella, le contó toda la verdad: su conversación con la Luna y las razones por las que no podía regalársela; pero, mientras hablaba, se le ocurrió otra idea.

—Claudia, en lugar de la Luna, puedo regalarte una estrella.

Claudia sonrió sorprendida y emocionada porque a ella

le encantaba contemplar las estrellas por la noche, y le contestó:

—Está bien, pero para demostrar que me quieres, me regalarás

una estrella cada semana.

Jaime aceptó encantado, y pensó que no pasaría nada
por coger unas cuantas estrellas ya que había millones de ellas.
Así que esa noche subió al cielo en un enorme globo
para traerse una, y al bajar a la Tierra,
se la dejó a Claudia en el jardín.

Con tanta luz, Claudia se despertó y vio la estrella en un árbol.

¡Jaime había cumplido su promesa!

Eso le demostraba cuánto la quería.

Desde entonces, cada semana encontraba una nueva estrella

en su jardín... ¡Claudia estaba feliz!

Hasta que una noche, cuando Jaime subió a por otra estrella,

se encontró con algo que no esperaba:

un personaje enorme y luminoso apareció de repente y le dijo:

—¿Qué haces tú por aquí?

Jaime sintió miedo y con voz temblorosa contestó:

—Vengo a coger una estrella para regalársela a mi amiga Claudia,
y demostrarle que la quiero...

—¿Acaso crees que regalándole estrellas va a quererte más?

Jaime no sabía qué responder y le preguntó:

—¿Y tú quién eres?

18

—Yo soy el Jardinero del Cielo. Soy el encargado de cuidar
a las estrellas desde que nacen hasta que se apagan;
me encargo de que brillen y alumbren por la noche,
y de que cada una ocupe el lugar que le corresponde.

Últimamente estoy preocupado porque algunas estrellas
han desaparecido.
¿No sabrás tú por casualidad dónde pueden estar?
Jaime, sintiéndose descubierto, bajó la mirada y le dijo:

—Es que yo... le prometí a Claudia que le regalaría la Luna,
pero no pudo ser porque solo hay una y tiene mucho trabajo.
Entonces le prometí una estrella de regalo cada semana.
Como hay tantas pensé que no pasaría nada
y que nadie las echaría de menos...

—¿Así que tú eres el que roba mis estrellas?

—le dijo enfadado el Jardinero del Cielo— ¿Y dónde están ahora?

—Están en casa de Claudia. Ella las cuida muy bien,

las tiene en su jardín para que vean a sus compañeras por la noche.

El Jardinero del Cielo le contó a Jaime que cada estrella
tiene su nombre y pertenece a una familia.
Por eso, si desaparecen, sus familiares están tristes y lloran,
mientras recorren el cielo buscándolas.
A su paso, dejan un rastro de luz con sus lágrimas.

En la Tierra se las llama "estrellas fugaces" porque sus habitantes
no saben que las estrellas también lloran.

24

Jaime se quedó callado y pensativo mientras tomaba la decisión
de devolverlas, pero... ¿qué pensaría Claudia?
El Jardinero comprendió lo que le pasaba y le dijo:
—Jaime, dentro de tu corazón hay millones de estrellas,
no necesitas venir al cielo a robarlas.

—¿Cómo puede ser? En mi corazón no cabe ni una sola estrella.

—Son mucho más pequeñas, pero brillan más que las del cielo.

Cada vez que sonríes, regalas una estrella; cada beso que das,

cada palabra cariñosa, cada por favor, cada gesto de amistad,

es una estrella que regalas y que hace muy feliz a quien la recibe.

26

Cuando Jaime bajó a la Tierra, le contó a Claudia
todo lo que le había dicho el Jardinero del Cielo.
Creyó que se enfadaría con él al no poder regalarle más estrellas
pero se extrañó mucho cuando la vio triste
pensando en las familias de las estrellas que tenía en su jardín.

Entonces dio un beso a su amiga y le dijo:

—Claudia, este beso es una estrella para ti.

Ella se puso colorada y se rió, y le devolvió el beso:

—Jaime, este beso es una estrella para ti.

Jaime se puso todavía más colorado que Claudia.

28

Y esa misma noche los dos se fueron al cielo a devolver las estrellas y pedir disculpas por haberlas robado.

A partir de entonces, los dos amigos crecieron felices,
coleccionando cada día estrellas en sus corazones
y contemplando cada noche el cielo iluminado,
mientras pensaban cuánto trabajo tendría
el Jardinero del Cielo.

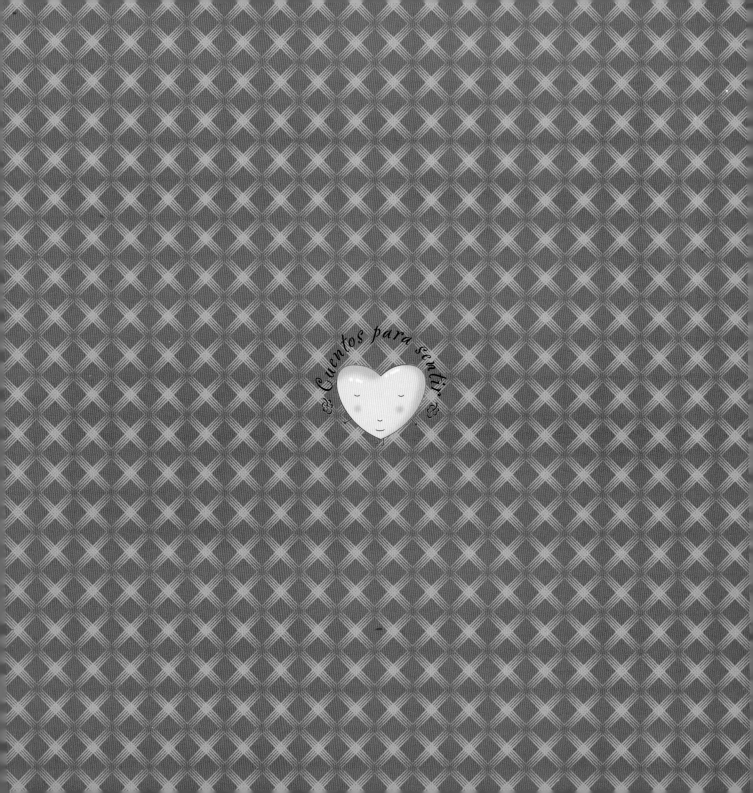